AF416325

ÉL TE ESCUCHA

ÉL TE ESCUCHA

*La reafirmación de un Dios real
que está presto a nuestro encuentro*

MIRIAM D. GARCÍA RIVERA

Él te escucha

La reafirmación de un Dios real que está presto a nuestro encuentro

© 2020, Miriam D. García Rivera

Edición
Yazmín Díaz Torres
Arqueros Casa Editora LLC
arqueroscasaeditora.org
(939) 216- 2993

CONTENIDO

DEDICATORIA

Dedico este libro a toda persona que, en algún momento, haya pensado que Dios no está, que no escucha ni se hace presente.

AGRADECIMIENTOS

Agradezco a Dios por haberme regalado el don de escribir y porque, sin importar en qué etapa de mi vida le haya pedido la presencia de su Espíritu Santo, se ha hecho presente en mi caminar.

A Damaris, mi niña interior, quien pasaba horas en el piso de su cuarto hasta la madrugada, escribiendo, componiendo y soñando con escribir libros, y hoy ese sueño comienza a ser una realidad.

A Yazmín Díaz, por su ayuda para que yo haya podido cumplir este sueño. Gracias por impartirnos el amor a la escritura y, más que todo, a ser «escribas» con propósito divino.

INTRODUCCIÓN

Si te estás preguntando si hay un Dios real y existente en esta vida, este libro llega a ti para reafirmarte que, en efecto, sí es tan real en la medida en la que te relaciones con Él. Cada una de las experiencias que relato en este libro cubre diversas etapas de mi vida en las que me he sorprendido del amor de Dios, de su intervención y respuesta en medio de ellas.

Hoy las comparto contigo con el único anhelo de renovar tu corazón al reafirmarte que Dios es bueno. Deseo que se muestre a tu vida de manera especial para que también puedas hablarle y regocijarte ante sus respuestas. Si no lo hubiera vivido por experiencia propia, seguramente no estarías leyendo este libro.

En las próximas páginas, compartiré contigo algunas de las vivencias en mi caminar por la vida. Aprovecho para contarte cómo Dios se ha asegurado de dejarme saber que no he estado enfrentándolas sola. Como bien dice la escritura: «Él no dijo que no tendríamos aflicciones, él dijo que no nos dejaría enfrentarlas solas» (Juan 16 25-33).

Te pido que, al leer un poco de mis vivencias, tus sentidos espirituales estén receptivos porque quién sabe si Dios te sorprenda y, en medio de alguna de ellas, hable a tu vida como lo ha hecho conmigo.

¡Bendiciones!

1

Su provisión me alcanzó

Su provisión me alcanzó

*Clama a mí, y yo te responderé, y te enseñaré
cosas grandes y ocultas que tú no conoces.*

Jeremías 33:3

Estaba muy entusiasmada creciendo en el Señor... En el 2019, la iglesia en la que me congrego anunció un curso de predicadores que contaba con excelentes recursos para mi formación ministerial. Y, aunque deseaba tanto participar, debido a mi realidad económica, era totalmente imposible. Cada vez que asistía a la iglesia o a alguna reunión de escuela bíblica lo anunciaban y dentro de mí brotaba un entusiasmo genuino por tomarlo. A la vez, cuando lo razonaba, me decía lógicamente: «Bueno, será en otro momento, habrá más cursos»; pero a la misma vez: «Señor, deseo participar», y así continuaba con mi diario vivir.

Me encontraba viviendo una etapa difícil en muchos sentidos, pero me mantenía, como hasta hoy, agarrada de Dios. Trataba de esquivar esa vocecita dentro de mí que me decía: «¿En serio que no vas a tomar el curso?». Entonces, le dije al Señor: «Tú conoces mi anhelo de participar y también conoces mis finanzas».

Su provisión me alcanzó

Entonces, un poco despreocupada, le dije: «Si en verdad deseas que yo participe, necesito que me suplas económicamente». Lo solté al cielo y continué mi andar.

Los días transcurrieron y exactamente un día antes de la fecha de comienzo del curso... ¡Cuál fue mi sorpresa! Al llegar a la oficina, mi supervisor me dijo: «Hoy a las 4:00 pm, tenemos reunión tú y yo». Me pareció muy extraño porque no tenía ni la más remota idea para qué nos reuniríamos. De más está decir que estuve tratando de imaginar cuál sería el propósito.

Pensé, hice una revisión general en mi mente, me hice las preguntas generales de si tenía mi trabajo al día o debía algún informe. Me quedé tranquila, pues todo estaba bien y al día. Entonces, me dije: «Relájate, ten paz y bueno, Señor, afrontemos lo que acontezca».

Dieron las 4:00 de la tarde y allí estábamos mi supervisor y yo. En medio de la conversación, me indicó: «Todos los años, la compañía otorga bonos por buen desempeño y queremos brindarte este cheque por tu excelente labor».

¿Sabes qué? Eso no estaba en mi panorama. Asombrada, di las gracias y el primer pensamiento que me llegó fue: «Bueno, ahora ve y toma ese curso por el que me pediste ayuda». Sonreí hacia el cielo y le dije a Dios: «¡Gracias! ¡Estoy en *shock*!».

Yo clamé y Dios respondió en su tiempo y a su manera dejándome totalmente sorprendida. Para que no te quedes con la duda: completé el curso y recibí mi certificado.

¡A Dios toda la gloria!

2

Dios, ¡necesito un abrazo!

Dios, ¡necesito un abrazo! 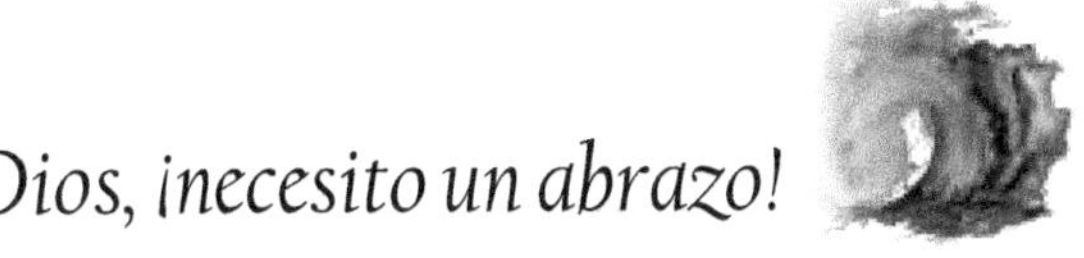

El Señor está cerca de los quebrantados de corazón y salva a los de espíritu abatido.

Salmo 34: 18

Era un tiempo muy difícil para mí. La compañía para la cual laboraba hacía 15 años estaba llegando a su fin y, a la vez, acababa de descubrir que el hombre con el que me había casado me era infiel. Mi vida emocional, espiritual y ni hablar del aspecto mental, estaban en total desorden. Toda persona que ha vivido un proceso de divorcio sabe que el dolor de la perdida es devastador. Para ese entonces, sola no me podía sostener económicamente y doy gracias a Dios por las buenas amigas que ha puesto a lo largo de mi vida. En especial, quiero mencionar a mi amiga Dorcas Parrilla y a su hija Gabriela, a quien considero una sobrina. Dorcas es mi amiga desde la escuela elemental; son más de 30 años de hermandad. Es más que amistad lo que nos une.

Para ese momento, cuando mi vida se quedó en cero, ella estuvo junto a mí. Tan es así que, por casi mes y medio, me acogió en su casa. No dormía, no me concentraba y sentía un gran vacío.

Nada tenía sentido y se me hacía muy difícil poner mi vida en orden nuevamente. En medio de todo el caos, cuando ella se iba a trabajar y Gabi al colegio, yo me sentaba en la mesa del comedor con la Biblia y libreta en mano a tener mi tiempo con Dios.

Entre el llanto y el dolor, ese día estaba sumamente quebrantada. Mientras escribo esto, se me aguan los ojos porque fue un tiempo muy fuerte, pero agradezco a Dios porque su mano me sostuvo y me ha sostenido hasta hoy. Allí en la mesa, le dije al Señor en voz alta y en medio de un ataque de llanto: «Por favor, por favor,

¡ven y abrázame! ¡Esto es muy doloroso!». Ahí estaba, hecha pedazos, en silencio, sollozando y hecha todo un desastre. Luego de unos minutos, sentí que alguien me abrazó fuertemente... Comencé a sentir paz y me fui calmando paulatinamente. Su Presencia abrazó mi ser y le agradecí entre lágrimas, asombrada por haber recibido ese anhelado abrazo.

Puede que al leer estas líneas –y más si no eres creyente– lo dudes, pero quiero que sepas que estoy convencida de que fue Dios quien me abrazó. Al poder sentir su tierno abrazo, comprendí una vez más

que Dios estaba justo a mi lado. ¿Estás en necesidad de un abrazo del Señor? ¡Clama! Él está a solo una oración de distancia.

3

Reconociendo su voz

Reconociendo su voz

Pero el hombre natural no percibe las cosas que son del Espíritu de Dios, porque para él son locura, y no las puede entender, porque se han de discernir espiritualmente.

1 Corintios 2: 14

Me parece que fue en el año 2007 –pues aunque soy nacida y criada desde el vientre de mi madre en el temor del Señor–, luego de haber pasado de la niñez y la adolescencia a ser una adulta universitaria fue que realmente, en abril de 2007 lo acepté como mi único Salvador. Entonces, comencé a enfrentar muchas situaciones espiritualmente hablando. Recuerdo que fui a mi primera cita con el cardiólogo porque estaba padeciendo de fuertes dolores de cabeza y, al parecer, se debían a mi condición de alta presión. Tan pronto comenzaron a atenderme, me dirigí hacia el cuarto de estudios donde me iban a practicar un ecocardiograma.

Mientras observaba en silencio, veía en la pantalla del monitor cómo mi corazón palpitaba y escuché una tierna voz en mi interior: «¿Escuchas cuán fuerte es tu corazón? Así de fuerte quiero que lata para mí». Comencé a llorar, pues reconocía esa voz que con tanto amor y ternura me reafirmaba que yo era su hija amada. Decía: «Obsérvalo. Mira lo fuerte y grandioso que es. Estoy cuidando de ti, solo sigue caminando y confía en mí».

Puede ser fácil de leer y sé que si aún no eres creyente –y digo «aún» porque tengo la esperanza de que de alguna manera este libro ministre a tu vida y tengas un encuentro con el Maestro–, quizás se te haga difícil o extraño comprender este tipo de experiencias. Sin embargo, confío en que a medida que le vayas conociendo, puedas tener tus sentidos espirituales muy despiertos. Dios siempre busca maneras para hablarnos si nos relacionamos profundamente con Él.

Cuando salí de la cita e iba por el camino, mantenía un diálogo con Él en el que le expresaba mi gratitud por sorprenderme de esa manera en medio del estudio médico. Todavía lo recuerdo y puedo sentir la emoción y sorpresa que experimenté cuando lo escuché hablarme tan dulcemente.

Pido a Dios que, de la manera como Él lo decida, se revele a tu vida para que también puedas reconocerle cuando se acerque ti cual Padre amoroso a dialogar con su hijo o su hija.

4

Atenta a su cobertura

Atenta a su cobertura

Encomienda a Jehová tu camino, y confía en él; y él hará.

Salmo 37: 5

En breves momentos, estaríamos uno de mis hermanos y yo aterrizando en New York. Era un tiempo de vacaciones y era mi segunda visita a la Gran Manzana, como suelen llamarle. Como en cualquier viaje, todos mis sentidos estaban alertas, atentos a todo lo que viviría durante este tiempo. Llegamos, bajamos del avión, recogimos nuestras maletas y caminamos hacia la puerta de salida.

Cuando ya nos encontrábamos fuera de las puertas del aeropuerto y mientras mirábamos en diversas direcciones para tomar un taxi, en cuestión de un segundo, se nos acercó un individuo. Era una guagua, pero no tenía el rótulo de taxi. En su interior, había dos hombres que no parecían pasajeros.

Para ese tiempo no existía Uber. El hombre ni siquiera cruzó palabra con nosotros. Mi hermano iba entretenido por la emoción, pues se encontraría con su novia. Algo dentro de mí me sacudió fuertemente. Eran como cien banderas de alerta y me dijo: «¡Ahí no te montes!».

Atenta a su cobertura

Al instante, me detuve y agarré a mi hermano por un brazo y le dije: «¡Con ellos no nos vamos a montar!». Él y su novia me miraron extrañados, pero cuando vieron mi firmeza, pidieron nuestras maletas. Los tres hombres se miraron y, finalmente, nos las devolvieron. ¡Sentí un alivio enorme dentro de mí! Pude comprender el cuidado de Dios a través de su Espíritu Santo, quien nos guiaba.

Cuando le pedimos a Dios su cobertura, Él se hace presente. Tuve paz en mi espíritu cuando logramos tomar un taxi y llegamos seguros a nuestro destino.

Le agradecí tanto al Señor por su cobertura. Dios se manifiesta de diversas formas en nuestra vida. Esa es la importancia de nuestra relación diaria con Él.

¿Ya le hablaste hoy?

5

Advertencia Ignorada

Advertencia ignorada

Muéstrame, oh Jehová, tus caminos; enséñame tus sendas.

Salmo 25: 4

Hace unos años, me parece que alrededor del 2010, cuando aún me encontraba en la etapa de noviazgo, participábamos en un grupo de jóvenes de la iglesia a la cual pertenecíamos. Llevábamos casi tres años de noviazgo cuando él sugirió que nos casáramos. Tanto él como yo veníamos de relaciones que no habían prosperado y yo no estaba muy convencida de que él ya estuviera listo para dar ese paso.

Aunque tuvimos una etapa de noviazgo muy bonita en su tiempo, sentía que no era el momento para dar ese paso. Lo conversamos y acordamos que dejaríamos que Dios nos dirigiera en el camino. Para ese entonces, él era el chico súper servicial, alegre con todo el mundo y les decía a todos a nuestro alrededor: «Hablen con ella. Yo me quiero casar. Ella es la mujer de mi vida».

Si bien esas palabras −como a toda chica enamorada−, me emocionaban, algo me decía que aún no era el momento. Cuando me vi en esa encrucijada de tener que decidir, me fui a a los pies del Maestro. Le oraba y le pedía que por favor hablara a mi vida, ya que no quería volver a pasar por otro divorcio. Si has pasado por esa experiencia, sabes que es una etapa muy fuerte en todos los sentidos.

Para entonces, se avecinaba un retiro de los jóvenes de nuestra iglesia y ambos participaríamos. Recuerdo que esa tarde, me buscó a mi casa y ya estaba casi lista. Justo momentos antes de salir por la puerta, mientras él me esperaba en el auto, fui a la cocina por un poco de agua y, al abrir la nevera, el Señor me dio una visión. Estaba parada justo al borde de un precipicio y me decía: «Si no soy yo quien te está diciendo que saltes, ¿por qué vas a saltar?». Comencé a llorar inmediatamente, pues sabía que el Espíritu Santo estaba hablando a mi corazón.

Tomé agua, cerré la casa y me monté en el auto. Cuando él vio mis ojos llorosos, me preguntó qué sucedía y le conté. Su respuesta fue: «¿Estás segura de que fue Dios o eres tú que no quieres casarte?». Lo miré y solo le dije que esa visión había sido muy real y que mi mayor oración era pedirle a Dios que no me dejara regresar a casa sin contestar mi pregunta durante el retiro. ¿Era el tiempo correcto para dar ese paso? En mi corazón, yo seguía sintiendo que no, pero su insistencia me hacía dudar.

El retiro era en una casa de playa, en el pueblo de Luquillo, Puerto Rico. Cuando llegamos, podíamos sentir la presencia de Dios de manera especial desde el comienzo. El sábado, al despertar, compartimos entre todos. El recurso de la primera ministración llegó y trajo una dinámica en la que cada uno debía apartarse a un rincón del lugar y pedirle a Dios que nos contestara alguna pregunta que tuviéramos en nuestro corazón.

Además, debíamos pedirle que fuera específico y claro. Todos los jóvenes nos esparcimos por el lugar.

Yo me fui frente a un árbol y allí le dije al Señor: «Por favor, te pido que hables a mi corazón. Me siento intranquila porque no quiero pasar por otro divorcio. Por favor, por favor, no me dejes ir sin la respuesta. ¡Gracias!, en el nombre de Jesús, amén».

Poco a poco, nos fuimos levantando y sentando nuevamente. Una vez en mi silla, mantuve mis ojos cerrados y en comunión. Al minuto, el recurso dijo: «¡Ay, mi niña!». Me mantenía con los ojos cerrados cuando escuché nuevamente: «Mi niña, ¡Dios te ama tanto!». Ante la curiosidad, levanté mi rostro y la ministro, tomando mi rostro, me dijo: «Le has pedido a Dios que sea específico. Dios me dice que te diga: 'Tranquila, todavía no es tiempo'».

Yo comencé a llorar descontroladamente por lo específico de Dios. Cuando abrí los ojos, a mi alrededor todos estaban atónitos, pues durante meses, mi pareja solo presionaba para que diéramos ese paso. Ellos no podían entender por qué si todo el tiempo decía que me amaba y deseaba casarse, yo aún no estaba convencida de que era el momento. Agradecí a Dios por su clara respuesta en ese tiempo.

A raíz de ese momento, mis amistades cercanas comprendieron que «mi detente» a dar ese paso no era un capricho mío. El tiempo confirmó lo que Dios me había advertido y, aunque años después nos casamos, el matrimonio no prosperó debido a una infidelidad de su parte.

¿Qué señal estás ignorando hoy de parte de Dios?

6

¡Él te escucha!

¡Él te escucha! 

Escucha, oh Jehová, mis palabras; considera mi gemir. Está atento a la voz de mi clamor, Rey mío y Dios mío, porque a ti oraré.

Salmo 5: 1-2

Fue un tiempo desértico, fue una combinación letal. Luego de 15 años, mis labores en la empresa en la que laboraba finalizaron y, casi al cumplir los cuatro años de casados, a la vuelta de la esquina, me sorprendió un divorcio. Esto puso en pausa mi vida en formas inimaginables. Era difícil conciliar el sueño, mantener la concentración... La ansiedad se apoderó de mí. Algo en mí se apagó. Mi vida dio un giro total y, cuando todos dormían, solo quedábamos Dios y yo más cerca que nunca.

Quienes me conocen saben que amo el mar. Soy inmensamente feliz cuando voy al mar. No hubo mejor terapia para sanar mi corazón que sentarme frente a él a hablar con Dios. Una de esas noches cuando no podía respirar, fui. Tenía mil preguntas por la espera. ¿Cuándo se me iría el dolor? Acepté mis faltas, abracé mis flaquezas, fui vulnerable, honesta conmigo misma y con Dios.

Estacioné mi auto y abrí mi silla de playa. No había nadie alrededor y me senté frente al mar. Respiré, y permití que la brisa y el oleaje bajaran mis revoluciones. En medio de ese proceso de sanar, esa noche me encontraba muy cargada.

Entonces, le dije al Señor: «Ya no quiero que duela tanto.... Yo no fui quien falló. Sé que es parte del proceso, pero me duele mucho». A ratos, me quedaba en silencio y simplemente dejaba que las lágrimas bajaran por mi rostro para dejar ir y sanar.

En medio de todo y en desesperación, le dije: «Perdóname. Yo sé que estás, pero a veces es difícil comprender. ¿Realmente me escuchas? ¿No estoy hablándole aquí al viento como una loca?». Esa noche, estaba realmente vulnerable. Luego de unos instantes, me quedé en silencio y sollozando. Mientras me mantenía atenta a lo que sucedía a mi alrededor, me percaté de que como a kilómetro y medio venía una mujer caminando hacia el área donde yo me encontraba. Pensé que quizá solo pasaría. Mientras, seguí en mi espacio con Dios.

Conforme se fue acercando, noté que tenía los ojos llorosos y continuó su caminar hasta llegar frente a mí. La señora se acercó y me dijo: «¡Dios te

bendiga! Sé que no nos conocemos... Estoy allá con mi esposo. Por lo general, vamos a San Juan, pero hoy vinimos aquí. A lo mejor, esto que te voy a decir te va a parecer raro, pero Dios me dijo que te dijera que Él te escucha, que no estás loca como le dices y que está pendiente de ti».

¡Quedé atónita! ¿Cómo era posible que una perfecta desconocida viniera así de la nada a brindarme un mensaje tan preciso de parte de Dios? Me abrazó y oró por mí. Conversamos un poco, intercambiamos números de teléfono y todavía hoy me sigo maravillando de las maneras como Dios nos hace saber que Él está atento a a nuestro clamor. Ella fue un instrumento hermoso que Dios utilizó para hablarme ese día.

Nos hemos topado en algún centro comercial y, siempre que la veo, me recuerda que Dios fue, es y seguirá siendo fiel, y que me ama de manera especial. Él me escucha todo el tiempo, tanto en los buenos como en los no tan buenos momentos.

¿Ya hablaste con Dios hoy?

7

¡Lánzate!
¡Es el momento!

¡Lánzate! ¡Es el momento!

Todo tiene su tiempo, y todo lo que se quiere debajo del cielo tiene su hora.

Eclesiastés 3: 1

Una tarde, en el año 2019, mientras revisaba los estados en mi red social, me topé con un anuncio que invitaba a un encuentro de escritores cristianos. Se trataba de una casa editorial dirigida a creyentes que desearan escribir su libro de manera independiente.

Desde niña, ese había sido mi deseo: escribir un libro. Recuerdo que en una conversación con mi buen amigo Alvin, le comenté que deseaba tomar el curso. Él también se interesó, así que acordamos ir juntos. Reconozco que cuando leí ese anuncio, me emocioné; pero como sucede cuando algo me es desconocido, lo manejé con cautela. Tenía mis inquietudes en cuanto al proceso que conlleva escribir y publicar un libro, y si podría lograrlo.

El enemigo pone temor en nuestra mente y hace que nos preguntemos quiénes somos para escribir. ¿Sobre qué voy a escribir? ¿Podré con el proceso?, entre muchas otras preguntas. Así se acumularon en mi mente tantas

preguntas en cuanto a mi proceso para escribir. Así que simplemente dije: «Bueno, vamos a orar por dirección». Le dije a Señor: «Si este es el momento de accionar este sueño, confírmame en el camino».

Tiempo después, llegó la fecha de la primera reunión y, aunque lo tenía pendiente, me confligía con una actividad ministerial ya calendarizada, así que no pude llegar; pero mi amigo Alvin sí iría, así que le pedí que tomara notas. Tan pronto salió del curso, Alvin me llamó y dijo: «¡Ese curso es para ti! ¡Tienes que participar!».

Entonces, le contesté: «Bueno, trataré de ir al próximo». Mientras, por alguna razón, en mi tiempo con Dios, al leer la Biblia me mostraba Eclesiastés 3. Esto sucedió varias veces antes de ir al próximo encuentro de escritores. Estaba en un momento de transición en mi vida, así que no tenía del todo claro lo que el Señor quería decirme al mostrarme ese capítulo que nos recuerda: todo tiene su tiempo.

Era septiembre y llegó la fecha. Al llegar, había un grupo como de 15 personas que nos dimos cita para tomar el curso. El grupo era ameno y variado.

¡Lánzate! ¡Es el momento! 

Trataba sobre los pasos y procesos para convertirse en un escritor independiente. Lo que más me agradó fue que el ambiente era Cristocéntrico y se daba de una manera muy clara, brindándonos conocimiento y las herramientas necesarias para cumplir el objetivo de publicar un libro.

Algo dentro de mí resonaba muy positivamente. La pasión de la profesora es, precisamente, ayudar a otros hijos de Dios a hacer realidad su sueño de escribir y publicar sus libros. Luego de conocer su formación, mezclada con su amor por Dios, me dije: «¡Sip, por aquí debo seguir!». Mi espíritu estaba contento y emocionado.

Algo dentro de mí despertaba. ¡Cuál sería mi sorpresa cuando ese día, al finalizar, se oró y se leyó una porción de la Biblia! ¿A que no te imaginas cuál? ¡¡Eclesiastés 3!! ¿Sabes cuando un cachorro ve a su amo y revolotea su colita de contentura? Así mismo me sentía yo en ese instante.

La profesora nos habló de la fe en lo que Dios pone en nuestro corazón. Su esfuerzo nació de la fe en la visión que Dios le había dado. Desde ese día, seguí tomando los cursos y he entendido que todo élo que Dios nos permite tiene un propósito.

¡Lánzate! ¡Es el momento!

Nuestra mente finita no puede ver lo que Dios ve más adelante. Así que le creí a Dios. Comencé el proceso y estoy caminando en fe, pues a través de su Palabra y diversos eventos me ha dicho: «¡Lánzate! ¡Este es el momento!».

¿Qué ha puesto Dios en tu corazón? ¿A qué estás por lanzarte? ¡Quizás este sea tu tiempo!

8

Eclesiastés

Eclesiastés 

Todo lo hizo hermoso en su tiempo; y ha puesto eternidad en el corazón de ellos, sin que alcance el hombre a entender la obra que ha hecho Dios desde el principio hasta el fin.

Eclesiastés 3: 11

En el curso para escritores al que asistí en septiembre 2019, la profesora nos compartía que allí se encontraban autores independientes que ya habían publicado y estaban con nosotros para compartir impresiones en cuanto al proceso de escritura y publicación de un libro.

Luego de finalizado el curso, tuvimos la oportunidad de compartir con los escritores independientes, escuchar sus impresiones y consejos en cuanto al proceso de publicación. De igual manera, llevaron libros para la demostración y venta de su publicación.

Entre los presentes, se encontraba Cynthia Montes Rivera, autora de *Floreciendo en el Desierto: Aprendiendo a confiar en Dios durante los procesos* – el cual, de hecho, recomiendo por su contenido claro y sencillo, y por su mensaje de esperanza ante los retos. Estoy segura de que será de gran edificación para tu vida. Una vez lo compré, me fui con grandes expectativas de ver qué Dios quería hablarme.

Esa misma noche, comencé la lectura y, honestamente, es de esos libros que no puedes soltar por lo que lo terminé en dos días. ¡Qué mucho habló Dios a mi corazón a través de ese libro!

Lo más impresionante fue la confirmación de Dios a mi vida de que era el tiempo de escribir. Fueron tres puntos los que específicamente sentí que Dios utilizó para darme la confirmación que había estado esperando. Comparto contigo mis notas colocadas en la parte de atrás del libro con fecha del 29 de septiembre de 2019, justo un día después del curso:

- Eclesiastés: *Antes del taller, ya Dios llevaba como un mes hablándome sobre «el tiempo». Al llegar al taller, el capítulo que Dios utilizó fue Eclesiastés 3 y entendí que era el tiempo de escribir.*

- *Al final del libro, se encuentra la palabra «lánzate» (p.133). Fue el nombre de un negocio fallido que quise realizar cuando estudié Mercadeo en la Universidad Sagrado Corazón. Cuando he comenzado algún otro intento o no tengo idea de qué hacer, mi amado Padre me dice: «Oye, ¿te acuerdas de **Lánzate**?».*

Eclesiastés 

Y hoy, justo antes de terminar de leer, pensé: «El colmo es que por algún lado aparezca la palabra 'lánzate'». Entonces, me dije totalmente asombrada: «¡No puede ser! ¡Qué locura, Dios!»; y, sentada en mi mesa, de frente, tengo una canasta de libros. Justo ahí, al levantar la mirada, apareció la tercera confirmación...

- *Se trataba del libro «Creer a Dios», de Beth Moore. Me quedé más asombrada todavía y le dije: «¡Está bien, Señor!».*

9/29/2020 2:30 pm
Puerto Rico

Epílogo

Epílogo

Luego de leer este libro, no sé si hayas podido apreciar su mensaje. *¡Es el tiempo de lanzarte y creerle a Dios!* Pese a mis dudas, mis temores, mi necesidad económica para realizarlo, Dios me dice claramente: «¡Cree en mí!»; y así lo he hecho. ¡Comencé a dar pasos en fe!

Anhelo en mi corazón que puedas comprender que este libro y mis vivencias en el caminar con Él, llegaron a tus manos porque es parte de su propósito divino contigo. Dios quiere dejarte saber *¡que te ama!*

Y, en tu relación con Él, *¡siempre está presto a escucharte para bendecirte!* Deseo que a través de alguna de las experiencias que compartí contigo, el Espíritu Santo te haya inquietado a relacionarte cada día más con Él.

Le pido que se revele a tu vida de tal manera que puedas comprender cuán grande amor tiene por ti. A medida que nos disponemos a relacionarnos con Dios, podremos disfrutar de su guía y cobertura en nuestro caminar diario. Él no pide que seamos perfectos. Él anhela un corazón dispuesto a recibirle para que, mediante tu relación y diálogo con Él, puedas tener la certeza de que está y que anhela escucharte.

Conoce a la autora

Miriam D. García Rivera nació en Santurce y se crio en Carolina, Puerto Rico. Creció en el Evangelio y, a lo largo de su caminar en Cristo, le ha servido de diversas formas: como líder de grupos de jóvenes, en coros, como miembro de las juntas de varios ministerios, realizando labor social, coordinando retiros y eventos entre otros. Es parte del grupo de trabajo del ministerio de mujeres *God's Brunch Ladies*. Desde hace unos años, su casa espiritual es la Iglesia Senderos de la Cruz, donde se capacitó como capellana. Es asistente administrativa de profesión y se mantiene en capacitación activa en estudios bíblicos.

Desde niña, siempre le apasionó escribir y componer.

Esta primera publicación materializa uno de sus grandes sueños y emprende como escritora independiente. A través de sus libros, desea alcanzar las vidas y que se esparza el mensaje de un Dios real, cercano y atento a quienes intiman con Él, reafirmando, al compartir sus experiencias, que es un Dios que escucha.

Contacto

Si deseas compartir impresiones sobre la manera en que Dios te ha ministrado mediante la lectura de este libro, puedes escribir a: mgrautora@gmail.com.